DE
LA POLICE
SOUS
LES BOURBONS.

DE
LA POLICE
SOUS
LES BOURBONS.

« Domitius, *(dit Salluste)* n'a pas un
« seul de ses membres qui n'ait pris part
« à quelque crime ou à quelque action
« honteuse. Sa langue est consacrée au
« mensonge, ses mains à l'assassinat,
« ses pieds à la fuite. »

A PARIS,

CHEZ PONTHIEU ET PETIT, LIBRAIRES,
PALAIS-ROYAL.

1822.

DE
LA POLICE
SOUS
LES BOURBONS.

Les germes de dépravation, qui sont le fléau des peuples et de la société, ont nécessité de la part des gouvernemens l'élévation de lazarets politiques. Autrefois, lorsque les citoyens vivaient d'un commun accord, la police et ses agens ne se bornaient qu'à prévenir les crimes et qu'à en arrêter les auteurs. Ces crimes étaient engendrés le plus souvent par la cupidité, par l'avarice. Aujourd'hui, les forfaits se multiplient à l'infini. La révolution seule a créé ces monstres nouveaux : l'ambition et le libéralisme.

Avant 1814, sous l'administration de Fouché et du duc de Rovigo, la police était un vaste ministère, composé d'élémens dangereux. L'humanité était bannie du cœur de ces misérables fonctionnaires qui ne recherchaient que des victimes pour les sacrifier aux soupçons d'un des-

pote ombrageux et sanguinaire. On aurait dit
que ces célèbres maîtres dans l'art des arresta-
tions et des fusillades avaient pris des leçons
chez le Grand-Turc. Grâce à leur vigilance, les
conspirations étaient avortées aussitôt qu'elles
naissaient; et, s'ils immolaient de temps en
temps quelques partisans de la légitimité ou de
la République, c'était pour ne pas perdre l'ha-
bitude des sacrifices.

La terreur était à l'ordre du jour!

Un empire, qui est régi en sens inverse de
la morale et de l'honneur, doit s'écrouler,
quand bien même de nombreux lauriers le pro-
tégeraient de leur égide. C'est ce qui est arrivé à
la souveraineté de Napoléon. Ses impostures
vis-à-vis d'une nation qui obéit aveuglément à
ses ordres, firent universellement regretter la
monarchie légitime, qui etait et est toujours la
protectrice de toutes les libertés publiques. Ce
colosse formidable, attaqué de tous côtés, tomba
avec fracas et entraîna dans sa chûte ses courtisans et les alguasils, dont j'esquisserai plus tard
les portraits.

Napoléon n'est plus! il est permis à chacun
de le juger : et moi, je n'hésite pas à reconnaître
en lui un habile général, et un despote rusé et
perfide. Mais ses courtisans et ses alguasils ont
changé de masque et de langage. Affublés d'un

gras bonnet rouge, comme aux beaux jours de la Convention, partout ils proclament la liberté , l'égalité ou la mort. Après avoir occupé pendant des années entières les premières places sous S. M. Louis XVIII, ils se sont vus obligés de reculer devant l'opinion des honnêtes gens qui détestent le caméléonisme et l'hypocrisie. Ingrats envers le prince qui les avait comblés de ses bienfaits, ils ont conspiré sa ruine; et, chaque jour, ils prouvent qu'ils doivent être étrangers à la bonté et à la clémence de notre monarque.

Des regrets suivis de tentatives criminelles, des philippiques incendiaires, et des complots abominables sont l'aveu de leur désespoir. Ils n'ont, ces factieux, que de l'audace et de l'impertinence. Scrutez la vie des Lafayette, des Benjamin, des Manuel et de tant d'autres députés qui ont juré, en 1815, une haine éternelle à la famille des Bourbons, et vous acquerrez la conviction que de tels hommes sont indignes de siéger à l'assemblée législative. Ils en sont indignes, parce qu'ils ont trompé le peuple et faussé les sermens les plus solennels. Soutenus par l'intrigue, ils n'en imposeront pas long-temps à la masse de la nation qu'ils compromettent dans leurs discours.

Ces fanatiques orateurs, en invitant les Français à la guerre civile, en leur faisant dire qu'ils ont revu le Roi avec *répugnance*, ces publicistes se rendent responsables des actes de sévérité de la justice, lorsqu'ils prêchent l'insurrection ou qu'ils prodiguent des éloges à des rebelles fugitifs.

Pourquoi cependant nous plaindrions-nous des nouveaux essais du jacobinisme? Ne devons-nous pas la régénération de l'administration à ses forfaits et à ses indiscrétions? Ces imprudens avaient des amis, des affidés, des liaisons intimes avec les anciens ministres. L'impunité enhardissait leur audace; qu'en est-il résulte?

Le Roi, éclairé sur leurs démarches, s'est aperçu que les premiers fonctionnaires de l'état trahissaient son auguste confiance, ou montraient une faiblesse blâmable; il a renvoyé ces perfides et pusillanimes conseillers. Notre bien-aimé monarque a rappelé ces chevaliers de la fidélité et de l'honneur que la calomnie éloignait du trône; aujourd'hui, tout rentre dans l'ordre.

La police est confiée à un magistrat jeune, mais intègre, mais voué de cœur à son roi et à son pays; cette branche devenue si nécessaire dans l'administration ministérielle, devient l'effroi du crime. M. le préfet s'est dégagé de toutes les entraves qui pouvaient embarrasser sa marche; il a voulu s'entourer d'employés fidèles;

il a ordonné aux agens supérieurs de prévenir le mal, et surtout de se renfermer dans les bornes légales. M. de Lavau a rejeté avec mépris les ressources de ses prédécesseurs qui semaient partout la défiance et la terreur. Surveiller le méchant et protéger le citoyen honnête, voilà sa maxime.

Loin de son esprit les basses intrigues qui forgent les conspirations pour s'en faire un mérite aux yeux du prince; loin de son caractère cette cupidité qui monopole sur les faveurs et sur le vice!

Mais, malheur au jacobin qui sème la discorde, qui incendie au nom du comité-directeur; malheur au fonctionnaire public qui méconnaît son mandat et les devoirs de la reconnaissance!

Ces sentimens qui sont l'expression d'une ame belle et généreuse, ne plaisent pas, je le sais, à nos révolutionnaires. Semblables aux voleurs, les jacobins redoutent les reverbères. Que deviendront hélas! ces amis des lumières, quand le gaz hydrogène éclairera leurs comités nocturnes?

Il n'appartenait qu'à un gouvernement légitime et constitutionnel de poser des limites au vampirisme des délégués du pouvoir, de tracer aux magistrats la ligne de leur devoir, enfin de

retrancher tout ce qui est en opposition avec l'é-
quité et la bonne foi..

Ce ministère, tant injurié par les factieux, a
pris pour devise et pour boussole l'épigraphe
de M. le vicomte de Châteaubriand : *le Roi, la
Charte et les honnêtes-gens.* Il marche sous cette
bannière qui est celle de la fidélité et qui fut toujours la sienne propre. Quels bienfaits la France
ne doit-elle pas attendre d'un pareil concert ?

C'est précisément parce que les factieux, *le
Courrier* et *le Constitutionnel* sont aux abois, que
j'applaudis à la fermeté et à l'énergie de cette
administration qui rétablit le crédit public et qui
replace la France dans une situation honorable et
prospère.

Un acte ministériel a donné lieu à des récri-
minations et à des remontrances jacobines : c'est
l'ordonnance qui destitue M. l'abbé Louis, ex-
ministre d'état.

En Angleterre, tout fonctionnaire qui dépend
des ministres se retire volontairement, quand il
croit compromettre sa conscience en votant en
leur faveur. En Angleterre, qui est le pays clas-
sique de la liberté, les hommes attachés au
gouvernement sont destitués, quand ils sont
connus pour professer des opinions contraires à
l'administration.

Rien n'est plus juste; aussi c'est de ce principe que dérive cet axiome banal : *qui n'est pas pour nous est contre nous.* Des considérations domestiques que l'on rattache toujours à des refus ou à des absences, lorsqu'il s'agit de voter dans des colléges électoraux, ne doivent avoir aucune influence sur l'esprit d'un vrai citoyen. D'ailleurs, la reconnaissance, qui est le mobile de la vertu, n'est-elle pas le guide d'un employé, dont l'existence et la fortune sont entre les mains de celui qui le solde ?

Or, il est constant que M. l'abbé Louis a non-seulement voté contre le gouvernement, mais il est encore constant qu'il a troublé l'ordre, motif plus que suffisant pour l'éconduire.

La destitution a été faite constitutionnellement; tout s'est fait aussi suivant la loi à l'égard des condamnés renfermés à Sainte-Pélagie, sur lesquels s'appitoie l'humanité *connue* du Constitutionnel (voir art. 614 du Code d'instruction criminelle).

De quoi se plaignent donc les libéraux ?

Que diraient-ils, si d'après les principes reçus chez nos voisins et qui seront sans doute appliqués à plusieurs autres ministres d'état, si M. le garde des sceaux demandait à Sa Majesté la destitution de MM. Decazes et Roy, ministres d'état, qui partagent les sentimens de leur collègue

M. l'abbé Louis ? Est-il nécessaire de donner 40,000 fr. à ces ex-excellences qui veulent dé truire l'ordre établi ? M. Decazes lui-même n'a-t il pas fait rayer de la liste M. le vicomte de Châteaubriand, parce qu'il écrivait contre son *admirable* système de bascule ?

Eh ! les ministres seraient-ils hors la Charte parce que leurs ennemis déclarés se vouent à la défense de doctrines pernicieuses et liberticides ?

Point de mollesse, point de bienveillance pour des ministres qui ont reçu du Roi une infinité de grâces, et qui, pour prix des effets de sa haute sollicitude, se placent sur la même ligne que les Lafayette, les Manuel et les Benjamin-Constant !

Pourrait-on long-temps se dissimuler que le comité-directeur a juré *mort aux Bourbons;* que tous les moyens sont mis en usage pour opérer une révolution ; que, sous le masque constitutionnel, les jacobins en imposent au peuple, toujours prêt à crier, quand les conspirateurs le soldent ?

Pourrait-on douter un seul instant que le *cri de vive la Charte,* isolé du *cri de vive le Roi,* signifie *vive la république, vive Napoléon II,* ou *vive tout ce qu'on voudra !* car les libéraux et les napoléonistes ne sont pas d'accord sur le mode de gouvernement qu'il leur plairait de nous accorder.

Si, par une faiblesse d'esprit, assez ordinaire

chez les honnêtes gens , vous formiez des doutes sur les intentions des aboyeurs et des Janus modernes , entendez-les parler du Roi, de sa famille et de nos institutions ; fréquentez-les quelques heures et vous apprendrez qu'ils haïssent l'objet de nos respects et de notre amour. Voulez-vous vous convaincre davantage de la véracité de cette assertion , lisez leurs feuilles hebdomadaires: il n'est pas une page qui ne renferme des calomnies contre les royalistes , des louanges en faveur des Nantil, des Berton et de tous ces *illustres* patriotes , dont Madrid est le receptacle.

Jugez-les par des faits : sont-ce les royalistes qui incendient les propriétés, les fermes , qui mettent tout à feu et à sang dans les Campagnes du nord et du midi ? sont-ce les royalistes qui fabriquent des poignards , des fusils et des sabres pour armer les mauvais citoyens contre l'autorité légitime? sont-ce enfin les royalistes qui soudoyent les soldats de la troupe de ligne du cordon sanitaire pour les inviter à la désertion?

Misérables factieux que la clémence du Roi a trop long-temps épargnés, montrez-vous en face, nous vous combattrons comme nous avons déjà fait à Grenoble; l'armée est fidèle, animée du meilleur esprit; si vous avez conjuré la ruine du trône, les officiers français ont juré de le défendre ; ils sauront punir des ingrats et des rebelles.

Mais, non, vils conseillers de Napoléon, assassins par instinct, vous êtes comme ces oiseaux sinistres qui n'apparaissent que la nuit pour annoncer des meurtres et des malheurs.

Allez cacher votre honte et vos forfaits loin de votre patrie : votre présence est un fléau, dont le fer de la justice peut seul nous préserver.

Eh ! vous, citoyens honnêtes, entraînés par la ruse dans ces clubs libéraux où l'on prêche la rebellion sous le nom de liberté, je vous le demande, à quelle époque de l'histoire de France a-t-on joui d'une liberté plus réelle que celle dont nous savourons les délices ? Regardez autour de vous ; voyez qui vous conseille et qui vous éclaire ? Ah ! n'a-t-on pas assez commis de crimes en s'emparant de l'esprit du peuple, faut-il encore faire un supplément à l'histoire de notre hideuse révolution ? En vous associant à ces affiliations anti-nationales et anti-monarchiques, vous attachez sur vous une responsabilité immense. Complices bénévoles et imprudens de toutes les mesures incendiaires et désastreuses, c'est devant Dieu que vous vous justifierez de votre participation tacite aux actes du comité-directeur !

Et vous, Ministres chargés de veiller au salut

du royaume, ne laissez pas impunis les forfaits des conspirateurs. Suivez-les à la piste; imitez l'administration anglaise qui a pour garans de sa stabilité de véritables amis et d'éloquens défenseurs. Tous ceux qui ne sont pas pour vous sont contre la monarchie légitime, puisque vous êtes l'expression des vœux et de l'affection des honnêtes gens. Rappelez-vous la maxime de Rousseau, qui en parlant de la fondation d'une république, disait qu'il ne fallait pas la remplir de *mécontens*. Appliquez à notre empire cette sage maxime, et n'ajournez pas la distribution de vos dons en faveur des chevaliers fidèles et des célèbres opprimés. Vous avez déjà fait beaucoup pour la noble cause que je défends; mais on attend encore mieux de votre justice. Laissez aux disciples de Machiavel sa doctrine ultramontaine. Gardez-vous surtout de créer des mécontens parmi les royalistes, j'entends, parmi ceux qui ont des droits sacrés à votre sollicitude; car, par notre accord seul, nous triompherons des menées jacobines et démagogiques. Consultez le passé, et l'avenir ne trahira pas vos espérances. (1)

---

(1) Il est honteux pour la France de se voir représenter par des hommes ennemis-nés du Gouvernement, et qui, en 1815, se sont mis en révolte ouverte contre le

Roi légitime. Il serait à désirer que dans la prochaine session, le Ministère ne plaçât sous les yeux des Députés que le projet de loi sur le Budget. Il serait encore à désirer que le Roi, attendu les circonstances imminentes dans lesquelles le Comité-Directeur veut plonger aujourd'hui notre belle patrie, proposât aux chambres de déclarer indignes de siéger à l'assemblée législative les hommes qui font des appels journalières à l'insurrection. Alors, les députés qui se couvrent du manteau de l'inviolabilité, et qui se rendraient coupables des crimes de lèze-Majesté, pourraient être mis en jugement, ou expulsés du territoire français.

L'administration, qui est forte parce qu'elle est juste, retremperait l'esprit de la grande cité qui vient de se montrer ingrate envers le monarque légitime, en donnant ses votes à des membres de l'assemblée du Champ-de-Mai. Il est temps que la patrie soit purgée du fléau de la corruption et des parjures !

FIN.

DE L'IMPRIMERIE DE P. DUPONT.

www.ingramcontent.com/pod-product-compliance
Lightning Source LLC
Chambersburg PA
CBHW061216050726
47594CB00008B/3669